Travel phrasebooks collection
«Everything Will E

PHRASEBOOK
— TURKISH —

THE MOST IMPORTANT PHRASES

This phrasebook contains the most important phrases and questions for basic communication
Everything you need to survive overseas

Phrasebook + 250-word dictionary

By Andrey Taranov

English-Turkish phrasebook & mini dictionary

By Andrey Taranov

The collection of "Everything Will Be Okay" travel phrasebooks published by T&P Books is designed for people traveling abroad for tourism and business. The phrasebooks contain what matters most - the essentials for basic communication. This is an indispensable set of phrases to "survive" while abroad.

You'll also find a mini dictionary with 250 useful words required for everyday communication - the names of months and days of the week, measurements, family members, and more.

Copyright © 2015 T&P Books Publishing

All rights reserved. No part of this book may be reproduced or utilized in any form or by any means, electronic or mechanical, including photocopying, recording or by information storage and retrieval system, without permission in writing from the publishers.

T&P Books Publishing
www.tpbooks.com

ISBN: 978-1-78492-419-5

This book is also available in E-book formats.
Please visit www.tpbooks.com or the major online bookstores.

FOREWORD

The collection of "Everything Will Be Okay" travel phrasebooks published by T&P Books is designed for people traveling abroad for tourism and business. The phrasebooks contain what matters most - the essentials for basic communication. This is an indispensable set of phrases to "survive" while abroad.

This phrasebook will help you in most cases where you need to ask something, get directions, find out how much something costs, etc. It can also resolve difficult communication situations where gestures just won't help.

This book contains a lot of phrases that have been grouped according to the most relevant topics. You'll also find a mini dictionary with useful words - numbers, time, calendar, colors...

Take "Everything Will Be Okay" phrasebook with you on the road and you'll have an irreplaceable traveling companion who will help you find your way out of any situation and teach you to not fear speaking with foreigners.

TABLE OF CONTENTS

Pronunciation	5
List of abbreviations	7
English-Turkish	9
Mini Dictionary	73

T&P Books Publishing

PRONUNCIATION

Letter	Turkish example	T&P phonetic alphabet	English example
		Vowels	
A a	ada	[a]	shorter than in ask
E e	eş	[e]	elm, medal
I ı	tıp	[ı]	big, America
İ i	isim	[i]	shorter than in feet
O o	top	[ɔ]	bottle, doctor
Ö ö	ödül	[ø]	eternal, church
U u	mum	[u]	book
Ü ü	süt	[y]	fuel, tuna
		Consonants	
B b	baba	[b]	baby, book
C c	cam	[ʤ]	joke, general
Ç ç	çay	[ʧ]	church, French
D d	diş	[d]	day, doctor
F f	fikir	[f]	face, food
G g	güzel	[g]	game, gold
Ğ ğ [1]	oğul		no sound
Ğ ğ [2]	öğle vakti	[j]	yes, New York
H h	hata	[h]	home, have
J j	jest	[ʒ]	forge, pleasure
K k	komşu	[k]	clock, kiss
L l	lise	[l]	lace, people
M m	meydan	[m]	magic, milk
N n	neşe	[n]	name, normal
P p	posta	[p]	pencil, private
R r	rakam	[r]	rice, radio
S s	sabah	[s]	city, boss
Ş ş	şarkı	[ʃ]	machine, shark
T t	tren	[t]	tourist, trip

Letter	Turkish example	T&P phonetic alphabet	English example
V v	vazo	[v]	very, river
Y y	yaş	[j]	yes, New York
Z z	zil	[z]	zebra, please

Comments

* Letters Ww, Xx used in foreign words only
[1] silent after hard vowels (a, ı, o, u) and lengthens this vowel
[2] after soft vowels (e, i, ö, ü)

LIST OF ABBREVIATIONS

English abbreviations

ab.	-	about
adj	-	adjective
adv	-	adverb
anim.	-	animate
as adj	-	attributive noun used as adjective
e.g.	-	for example
etc.	-	et cetera
fam.	-	familiar
fem.	-	feminine
form.	-	formal
inanim.	-	inanimate
masc.	-	masculine
math	-	mathematics
mil.	-	military
n	-	noun
pl	-	plural
pron.	-	pronoun
sb	-	somebody
sing.	-	singular
sth	-	something
v aux	-	auxiliary verb
vi	-	intransitive verb
vi, vt	-	intransitive, transitive verb
vt	-	transitive verb

TURKISH
PHRASEBOOK

This section contains important phrases that may come in handy in various real-life situations.
The phrasebook will help you ask for directions, clarify a price, buy tickets, and order food at a restaurant

T&P Books Publishing

PHRASEBOOK CONTENTS

The bare minimum	12
Questions	15
Needs	16
Asking for directions	18
Signs	20
Transportation. General phrases	22
Buying tickets	24
Bus	26
Train	28
On the train. Dialogue (No ticket)	29
Taxi	30
Hotel	32
Restaurant	35
Shopping	37
In town	39
Money	41

Time	43
Greetings. Introductions	45
Farewells	47
Foreign language	49
Apologies	50
Agreement	51
Refusal. Expressing doubt	52
Expressing gratitude	54
Congratulations. Best wishes	56
Socializing	57
Sharing impressions. Emotions	60
Problems. Accidents	62
Health problems	65
At the pharmacy	68
The bare minimum	70

The bare minimum

Excuse me, ... — **Affedersiniz, ...**
[affedɛrsiniz, ...]

Hello. — **Merhaba.**
[mɛrhaba]

Thank you. — **Teşekkürler.**
[tɛʃekkyrlɛr]

Good bye. — **Hoşça kalın.**
[hoʃtʃa kalın]

Yes. — **Evet.**
[ɛvet]

No. — **Hayır.**
[hajır]

I don't know. — **Bilmiyorum.**
[bilmijorum]

Where? | Where to? | When? — **Nerede? | Nereye? | Ne zaman?**
[nɛrɛdɛ? | nɛrɛje? | nɛ zaman?]

I need ... — **Bana ... lazım.**
[bana ... lazım]

I want ... — **... istiyorum.**
[... istijorum]

Do you have ...? — **Sizde ... var mı?**
[sizdɛ ... var mı?]

Is there a ... here? — **Burada ... var mı?**
[burada ... var mı?]

May I ...? — **... yapabilir miyim?**
[... japabilir mijim?]

..., please (polite request) — **..., lütfen**
[..., lytfɛn]

I'm looking for ... — **Ben ... arıyorum.**
[ben ... arıjorum]

restroom — **tuvaleti**
[tuvaleti]

ATM — **bankamatik**
[bankamatik]

pharmacy (drugstore) — **eczane**
[ɛdʒzane]

hospital — **hastane**
[hastanɛ]

police station — **karakolu**
[karakolu]

subway — **metroyu**
[metroju]

taxi	**taksi** [taksi]
train station	**tren istasyonunu** [tren istasjonunu]

My name is ...	**Benim adım ...** [benim adım ...]
What's your name?	**Adınız nedir?** [adınız nɛdir?]
Could you please help me?	**Bana yardım edebilir misiniz, lütfen?** [bana jardım ɛdɛbilir misiniz, lytfɛn?]
I've got a problem.	**Bir sorunum var.** [bir sorunum var]
I don't feel well.	**Kendimi iyi hissetmiyorum.** [kendimi iji hissɛtmijorum]
Call an ambulance!	**Ambulans çağırın!** [ambulans ʧaːırın!]
May I make a call?	**Telefonunuzdan bir arama yapabilir miyim?** [tɛlefonunuzdan bir arama japabilir mijim?]

I'm sorry.	**Üzgünüm.** [yzgynym]
You're welcome.	**Rica ederim.** [ridʒa ɛdɛrim]

I, me	**Ben, bana** [ben, bana]
you (inform.)	**sen** [sen]
he	**o** [o]
she	**o** [o]
they (masc.)	**onlar** [onlar]
they (fem.)	**onlar** [onlar]
we	**biz** [biz]
you (pl)	**siz** [siz]
you (sg, form.)	**siz** [siz]

ENTRANCE	**GİRİŞ** [giriʃ]
EXIT	**ÇIKIŞ** [ʧıkıʃ]
OUT OF ORDER	**HİZMET DIŞI** [hizmɛt dıʃı]

CLOSED	**KAPALI** [kapali]
OPEN	**AÇIK** [atʃik]
FOR WOMEN	**KADINLAR İÇİN** [kadinlar itʃin]
FOR MEN	**ERKEKLER İÇİN** [ɛrkeklɛr itʃin]

Questions

Where?	**Nerede?** [nɛrɛdɛ?]
Where to?	**Nereye?** [nɛrɛje?]
Where from?	**Nereden?** [nɛrɛdɛn?]
Why?	**Neden?** [nɛdɛn?]
For what reason?	**Niçin?** [nitʃin?]
When?	**Ne zaman?** [nɛ zaman?]
How long?	**Ne kadar sürdü?** [nɛ kadar syrdy?]
At what time?	**Ne zaman?** [nɛ zaman?]
How much?	**Ne kadar?** [nɛ kadar?]
Do you have ...?	**Sizde ... var mı?** [sizdɛ ... var mı?]
Where is ...?	**... nerede?** [... nɛrɛdɛ?]
What time is it?	**Saat kaç?** [saat katʃ?]
May I make a call?	**Telefonunuzdan bir arama yapabilir miyim?** [tɛlefonunuzdan bir arama japabilir mijim?]
Who's there?	**Kim o?** [kim o?]
Can I smoke here?	**Burada sigara içebilir miyim?** [burada sigara itʃɛbilir mijim?]
May I ...?	**... yapabilir miyim?** [... japabilir mijim?]

Needs

I'd like ...	... **istiyorum.** [... istijorum]
I don't want ...	... **istemiyorum.** [... istɛmijorum]
I'm thirsty.	**Susadım.** [susadım]
I want to sleep.	**Uyumak istiyorum.** [ujumak istijorum]

I want ...	... **istiyorum.** [... istijorum]
to wash up	**Elimi yüzümü yıkamak** [ɛlimi jyzymy jıkamak]
to brush my teeth	**Dişlerimi fırçalamak** [diʃlerimi fırtʃalamak]
to rest a while	**Biraz dinlenmek** [biraz dinlenmek]
to change my clothes	**Üstümü değiştirmek** [ystymy dɛ:iʃtirmek]

to go back to the hotel	**Otele geri dönmek** [otɛle geri dønmek]
to buy ...	... **satın almak** [... satın almak]
to go to ...	... **gitmek** [... gitmek]
to visit ...	... **ziyaret etmek** [... zijarɛt ɛtmek]
to meet with ...	... **ile buluşmak** [... ile buluʃmak]
to make a call	**Bir arama yapmak** [bir arama japmak]

I'm tired.	**Yorgunum.** [jorgunum]
We are tired.	**Yorgunuz.** [jorgunuz]
I'm cold.	**Üşüdüm.** [yʃydym]
I'm hot.	**Sıcakladım.** [sıdʒakladım]
I'm OK.	**İyiyim.** [ijijim]

I need to make a call.	**Telefon etmem lazım.** [tɛlefon ɛtmɛm lazım]
I need to go to the restroom.	**Lavaboya gitmem lazım.** [lavaboja gitmɛm lazım]
I have to go.	**Gitmem gerek.** [gitmɛm gerek]
I have to go now.	**Artık gitmem gerek.** [artık gitmɛm gerek]

Asking for directions

Excuse me, ...	**Affedersiniz, ...** [affedɛrsiniz, ...]
Where is ...?	**... nerede?** [... nɛrɛdɛ?]
Which way is ...?	**... ne tarafta?** [... nɛ tarafta?]
Could you help me, please?	**Bana yardımcı olabilir misiniz, lütfen?** [bana jardımdʒı olabilir misiniz, lytfɛn?]
I'm looking for ...	**... arıyorum.** [... arıjorum]
I'm looking for the exit.	**Çıkışı arıyorum.** [ʧıkıʃi arıjorum]
I'm going to ...	**... gidiyorum.** [... gidijorum]
Am I going the right way to ...?	**... gitmek için doğru yolda mıyım?** [... gitmek iʧin do:ru jolda mıjım?]
Is it far?	**Uzak mıdır?** [uzak mıdır?]
Can I get there on foot?	**Oraya yürüyerek gidebilir miyim?** [oraja jyryjerek gidɛbilir mijim?]
Can you show me on the map?	**Yerini haritada gösterebilir misiniz?** [jerini haritada gøstɛrɛbilir misiniz?]
Show me where we are right now.	**Şu an nerede olduğumuzu gösterir misiniz?** [ʃu an nɛrɛdɛ oldu:umuzu gøstɛrir misiniz?]
Here	**Burada** [burada]
There	**Orada** [orada]
This way	**Bu taraftan** [bu taraftan]
Turn right.	**Sağa dönün.** [sa:a dønyn]
Turn left.	**Sola dönün.** [sola dønyn]
first (second, third) turn	**ilk (ikinci, üçüncü) çıkış** [ilk (ikindʒi, yʧyndʒy) ʧıkıʃ]
to the right	**sağa** [sa:a]

to the left	**sola** [sola]
Go straight.	**Dümdüz gidin.** [dymdyz gidin]

Signs

WELCOME!	**HOŞ GELDİNİZ!** [hoʃ gɛldiniz!]
ENTRANCE	**GİRİŞ** [giriʃ]
EXIT	**ÇIKIŞ** [tʃikiʃ]
PUSH	**İTİNİZ** [itiniz]
PULL	**ÇEKİNİZ** [tʃekiniz]
OPEN	**AÇIK** [atʃik]
CLOSED	**KAPALI** [kapali]
FOR WOMEN	**BAYAN** [bajan]
FOR MEN	**BAY** [baj]
MEN, GENTS	**BAY** [baj]
WOMEN, LADIES	**BAYAN** [bajan]
DISCOUNTS	**İNDİRİM** [indirim]
SALE	**İNDİRİM** [indirim]
FREE	**BEDAVA** [bedava]
NEW!	**YENİ!** [jeni!]
ATTENTION!	**DİKKAT!** [dikkat!]
NO VACANCIES	**BOŞ YER YOK** [boʃ jer jok]
RESERVED	**REZERVE** [rezɛrvɛ]
ADMINISTRATION	**MÜDÜRİYET** [mydyrijet]
STAFF ONLY	**PERSONEL HARİCİ GİRİLMEZ** [personɛl haridʒi girilmɛz]

BEWARE OF THE DOG!	**DİKKAT KÖPEK VAR!** [dikkat køpek var!]
NO SMOKING!	**SİGARA İÇMEK YASAKTIR!** [sigara itʃmek jasaktir!]
DO NOT TOUCH!	**DOKUNMAYINIZ!** [dokunmajiniz!]
DANGEROUS	**TEHLİKELİ** [tehlikɛli]
DANGER	**TEHLİKE** [tehlikɛ]
HIGH VOLTAGE	**YÜKSEK GERİLİM** [jyksek gerilim]
NO SWIMMING!	**YÜZMEK YASAKTIR!** [jyzmek jasaktir!]
OUT OF ORDER	**HİZMET DIŞI** [hizmɛt diʃi]
FLAMMABLE	**YANICI** [janidʒi]
FORBIDDEN	**YASAK** [jasak]
NO TRESPASSING!	**GİRİLMEZ!** [girilmɛz!]
WET PAINT	**YENİ BOYANMIŞ ALAN** [jeni bojanmiʃ alan]
CLOSED FOR RENOVATIONS	**TADİLAT SEBEBİYLE KAPALIDIR** [tadilat sebɛbijlɛ kapalidir]
WORKS AHEAD	**İLERİDE YOL ÇALIŞMASI VAR** [ilerdɛ jol tʃaliʃmasi var]
DETOUR	**TALİ YOL** [tali jol]

Transportation. General phrases

plane	**uçak** [utʃak]
train	**tren** [tren]
bus	**otobüs** [otobys]
ferry	**feribot** [feribot]
taxi	**taksi** [taksi]
car	**araba** [araba]

schedule	**tarife** [tarifɛ]
Where can I see the schedule?	**Tarifeyi nereden görebilirim?** [tarifɛji nɛrɛdɛn gørebilirim?]
workdays (weekdays)	**haftaiçi** [hafta itʃi]
weekends	**haftasonu** [hafta sonu]
holidays	**tatil günleri** [tatil gynleri]

DEPARTURE	**KALKIŞ** [kalkiʃ]
ARRIVAL	**VARIŞ** [variʃ]
DELAYED	**RÖTARLI** [røtarli]
CANCELED	**İPTAL** [iptal]

next (train, etc.)	**bir sonraki** [bir sonraki]
first	**ilk** [ilk]
last	**son** [son]

When is the next ...?	**Bir sonraki ... ne zaman?** [bir sonraki ... nɛ zaman?]
When is the first ...?	**İlk ... ne zaman?** [ilk ... nɛ zaman?]

When is the last ...?	**Son ... ne zaman?** [son ... nɛ zaman?]
transfer (change of trains, etc.)	**aktarma** [aktarma]
to make a transfer	**aktarma yapmak** [aktarma japmak]
Do I need to make a transfer?	**Aktarma yapmam gerekiyor mu?** [aktarma japmam gerekijor mu?]

Buying tickets

Where can I buy tickets?	**Nereden bilet alabilirim?** [nɛrɛdɛn bilet alabilirim?]
ticket	**bilet** [bilet]
to buy a ticket	**bilet almak** [bilet almak]
ticket price	**bilet fiyatı** [bilet fijatı]
Where to?	**Nereye?** [nɛrɛje?]
To what station?	**Hangi istasyona?** [hangi istasjona?]
I need ...	**Bana ... lazım.** [bana ... lazım]
one ticket	**bir bilet** [bir bilet]
two tickets	**iki bilet** [iki bilet]
three tickets	**üç bilet** [ytʃ bilet]
one-way	**tek yön** [tek jøn]
round-trip	**gidiş-dönüş** [gidiʃ-dønyʃ]
first class	**birinci sınıf** [birindʒi sınıf]
second class	**ikinci sınıf** [ikindʒi sınıf]
today	**bugün** [bugyn]
tomorrow	**yarın** [jarın]
the day after tomorrow	**yarından sonraki gün** [jarından sonraki gyn]
in the morning	**sabah** [sabah]
in the afternoon	**öğleden sonra** [øːøledɛn sonra]
in the evening	**akşam** [akʃam]

aisle seat	**koridor tarafı koltuk** [koridor tarafı koltuk]
window seat	**pencere kenarı koltuk** [pendʒɛrɛ kɛnarı koltuk]
How much?	**Ne kadar?** [nɛ kadar?]
Can I pay by credit card?	**Kredi kartıyla ödeyebilir miyim?** [krɛdi kartıjla ødejebilir mijim?]

Bus

bus	**otobüs** [otobys]
intercity bus	**şehirler arası otobüs** [ʃɛhirlɛr arası otobys]
bus stop	**otobüs durağı** [otobys duraːı]
Where's the nearest bus stop?	**En yakın otobüs durağı nerede?** [ɛn jakın otobys duraːı nɛrɛdɛ?]
number (bus ~, etc.)	**numara** [numara]
Which bus do I take to get to ...?	**... gitmek için hangi otobüse binmem lazım?** [... gitmek itʃin hangi otobysɛ binmem lazım?]
Does this bus go to ...?	**Bu otobüs ... gider mi?** [bu otobys ... gidɛr mi?]
How frequent are the buses?	**Ne sıklıkta otobüs var?** [nɛ sıklıkta otobys var?]
every 15 minutes	**on beş dakikada bir** [on beʃ dakikada bir]
every half hour	**her yarım saatte bir** [hɛr jarım saattɛ bir]
every hour	**saat başı** [saat baʃı]
several times a day	**günde birçok sefer** [gyndɛ birtʃok sefɛr]
... times a day	**günde ... kere** [gyndɛ ... kerɛ]
schedule	**tarife** [tarifɛ]
Where can I see the schedule?	**Tarifeyi nereden görebilirim?** [tarifɛji nɛrɛdɛn gørebilirim?]
When is the next bus?	**Bir sonraki otobüs ne zaman?** [bir sonraki otobys nɛ zaman?]
When is the first bus?	**İlk otobüs ne zaman?** [ilk otobys nɛ zaman?]
When is the last bus?	**Son otobüs ne zaman?** [son otobys nɛ zaman?]
stop	**durak** [durak]

next stop	**sonraki durak** [sonraki durak]
last stop (terminus)	**son durak** [son durak]
Stop here, please.	**Burada durun lütfen.** [burada durun lytfɛn]
Excuse me, this is my stop.	**Affedersiniz, bu durakta ineceğim.** [affedɛrsiniz, bu durakta inedʒɛ:im]

Train

train	**tren** [tren]
suburban train	**banliyö treni** [banlijø treni]
long-distance train	**uzun mesafe treni** [uzun mesafɛ treni]
train station	**tren istasyonu** [tren istasjonu]
Excuse me, where is the exit to the platform?	**Affedersiniz, perona nasıl gidebilirim?** [affedɛrsiniz, pɛrona nasıl gidɛbilirim?]
Does this train go to …?	**Bu tren … gider mi?** [bu tren … gidɛr mi?]
next train	**bir sonraki tren** [bir sonraki tren]
When is the next train?	**Bir sonraki tren ne zaman?** [bir sonraki tren nɛ zaman?]
Where can I see the schedule?	**Tarifeyi nereden görebilirim?** [tarifɛji nɛrɛdɛn gørebilirim?]
From which platform?	**Hangi perondan?** [hangi perondan?]
When does the train arrive in …?	**Tren … ne zaman varır?** [tren … nɛ zaman varır?]
Please help me.	**Lütfen bana yardımcı olur musunuz?** [lytfɛn bana jardımdʒı olur musunuz?]
I'm looking for my seat.	**Yerimi arıyorum.** [jerimi arıjorum]
We're looking for our seats.	**Yerlerimizi arıyoruz.** [jerlerimizi arıjoruz]
My seat is taken.	**Yerimde başkası oturuyor.** [jerimdɛ baʃkası oturujor]
Our seats are taken.	**Yerlerimizde başkaları oturuyor.** [jerlerimizdɛ baʃkaları oturujor]
I'm sorry but this is my seat.	**Affedersiniz, bu benim koltuğum.** [affedɛrsiniz, bu benim koltu:um]
Is this seat taken?	**Bu koltuk boş mu?** [bu koltuk boʃ mu?]
May I sit here?	**Buraya oturabilir miyim?** [buraja oturabilir mijim?]

On the train. Dialogue (No ticket)

Ticket, please.	**Bilet, lütfen.** [bilet, lytfɛn]
I don't have a ticket.	**Biletim yok.** [biletim jok]
I lost my ticket.	**Biletimi kaybettim.** [biletimi kajbɛttim]
I forgot my ticket at home.	**Biletimi evde unuttum.** [biletimi evdɛ unuttum]
You can buy a ticket from me.	**Biletinizi benden alabilirsiniz.** [biletinizi bɛndɛn alabilirsiniz]
You will also have to pay a fine.	**Ceza da ödemek zorundasınız.** [dʒɛza da ødɛmek zorundasınız]
Okay.	**Tamam.** [tamam]
Where are you going?	**Nereye gidiyorsunuz?** [nɛrɛje gidijorsunuz?]
I'm going to …	**… gidiyorum.** [… gidijorum]
How much? I don't understand.	**Ne kadar? Anlamıyorum.** [nɛ kadar? anlamıjorum]
Write it down, please.	**Yazar mısınız, lütfen?** [jazar mısınız, lytfɛn?]
Okay. Can I pay with a credit card?	**Tamam. Kredi kartıyla ödeyebilir miyim?** [tamam. krɛdi kartıjla ødejebilir mijim?]
Yes, you can.	**Evet, olur.** [ɛvet, olur]
Here's your receipt.	**Buyrun, makbuzunuz.** [bujrun, makbuzunuz]
Sorry about the fine.	**Ceza için üzgünüm.** [dʒɛza itʃin yzgynym]
That's okay. It was my fault.	**Önemli değil. Benim hatamdı.** [ønemli dɛ:il. benim hatamdı]
Enjoy your trip.	**İyi yolculuklar.** [iji joldʒuluklar]

Taxi

taxi	**taksi** [taksi]
taxi driver	**taksi şoförü** [taksi ʃoføry]
to catch a taxi	**taksiye binmek** [taksije binmek]
taxi stand	**taksi durağı** [taksi duraːɪ]
Where can I get a taxi?	**Nereden taksiye binebilirim?** [nɛrɛdɛn taksije binɛbilirim?]
to call a taxi	**taksi çağırmak** [taksi tʃaːɪrmak]
I need a taxi.	**Bana bir taksi lazım.** [bana bir taksi lazım]
Right now.	**Hemen şimdi.** [hɛmɛn ʃimdi]
What is your address (location)?	**Adresiniz nedir?** [adrɛsiniz nɛdir?]
My address is …	**Adresim …** [adrɛsim …]
Your destination?	**Nereye gideceksiniz?** [nɛrɛje gidɛdʒeksiniz?]
Excuse me, …	**Affedersiniz, …** [affedɛrsiniz, …]
Are you available?	**Müsait misiniz?** [mysait misiniz?]
How much is it to get to …?	**… gitmek ne kadar tutar?** [… gitmek nɛ kadar tutar?]
Do you know where it is?	**Nerede olduğunu biliyor musunuz?** [nɛrɛdɛ olduːunu bilijor musunuz?]
Airport, please.	**Havalimanı, lütfen.** [havalimanı, lytfɛn]
Stop here, please.	**Burada durun, lütfen.** [burada durun, lytfɛn]
It's not here.	**Burası değil.** [burası dɛːil]
This is the wrong address.	**Bu adres yanlış.** [bu adres janlıʃ]
Turn left.	**Sola dönün.** [sola dønyn]
Turn right.	**Sağa dönün.** [saːa dønyn]

How much do I owe you?	**Borcum ne kadar?** [bordʒum nɛ kadar?]
I'd like a receipt, please.	**Fiş alabilir miyim, lütfen?** [fiʃ alabilir mijim, lytfɛn?]
Keep the change.	**Üstü kalsın.** [ysty kalsın]
Would you please wait for me?	**Beni bekleyebilir misiniz, lütfen?** [beni beklejebilir misiniz, lytfɛn?]
five minutes	**beş dakika** [beʃ dakika]
ten minutes	**on dakika** [on dakika]
fifteen minutes	**on beş dakika** [on beʃ dakika]
twenty minutes	**yirmi dakika** [jirmi dakika]
half an hour	**yarım saat** [jarım saat]

Hotel

Hello.	**Merhaba.** [mɛrhaba]
My name is ...	**Adım ...** [adım ...]
I have a reservation.	**Rezervasyonum var.** [rezɛrvasjonum var]
I need ...	**Bana ... lazım.** [bana ... lazım]
a single room	**tek kişilik bir oda** [tek kiʃilik bir oda]
a double room	**çift kişilik bir oda** [tʃift kiʃilik bir oda]
How much is that?	**Ne kadar tuttu?** [nɛ kadar tuttu?]
That's a bit expensive.	**Bu biraz pahalı.** [bu biraz pahalı]
Do you have any other options?	**Elinizde başka seçenek var mı?** [ɛlinizdɛ baʃka setʃɛnek var mı?]
I'll take it.	**Bunu alıyorum.** [bunu alıjorum]
I'll pay in cash.	**Peşin ödeyeceğim.** [peʃin ødejedʒɛ:im]
I've got a problem.	**Bir sorunum var.** [bir sorunum var]
My ... is broken.	**... bozuk.** [... bozuk]
My ... is out of order.	**... çalışmıyor.** [... tʃalıʃmıjor]
TV	**Televizyon** [tɛlevizjon]
air conditioning	**Klima** [klima]
tap	**Musluk** [musluk]
shower	**Duş** [duʃ]
sink	**Lavabo** [lavabo]
safe	**Kasa** [kasa]

door lock	**Kapı kilidi** [kapı kilidi]
electrical outlet	**Priz** [priz]
hairdryer	**Saç kurutma makinesi** [satʃ kurutma makinɛsi]

I don't have ...	**... yok** [... joːk]
water	**Su** [su]
light	**Işık** [iʃık]
electricity	**Elektrik** [ɛlektrik]

Can you give me ...?	**Bana ... verebilir misiniz?** [bana ... vɛrɛbilir misiniz?]
a towel	**bir havlu** [bir havlu]
a blanket	**bir battaniye** [bir battanije]
slippers	**bir terlik** [bir tɛrlik]
a robe	**bir bornoz** [bir bornoz]
shampoo	**biraz şampuan** [biraz ʃampuan]
soap	**biraz sabun** [biraz sabun]

I'd like to change rooms.	**Odamı değiştirmek istiyorum.** [odamı dɛːiʃtirmek istijorum]
I can't find my key.	**Anahtarımı bulamıyorum.** [anahtarımı bulamıjorum]
Could you open my room, please?	**Odamı açabilir misiniz, lütfen?** [odamı atʃabilir misiniz, lytfɛn?]
Who's there?	**Kim o?** [kim o?]
Come in!	**Girin!** [girin!]
Just a minute!	**Bir dakika!** [bir dakika!]
Not right now, please.	**Lütfen şimdi değil.** [lytfɛn ʃimdi dɛːil]

Come to my room, please.	**Odama gelin, lütfen.** [odama gelin, lytfɛn]
I'd like to order food service.	**Odama yemek siparişi vermek istiyorum.** [odama jemek sipariʃi vɛrmek istijorum]

My room number is ...	**Oda numaram ...**
	[oda numaram ...]
I'm leaving ...	**... gidiyorum.**
	[... gidijorum]
We're leaving ...	**... gidiyoruz.**
	[... gidijoruz]
right now	**şimdi**
	[ʃimdi]
this afternoon	**öğleden sonra**
	[øːølɛdɛn sonra]
tonight	**bu akşam**
	[bu akʃam]
tomorrow	**yarın**
	[jarın]
tomorrow morning	**yarın sabah**
	[jarın sabah]
tomorrow evening	**yarın akşam**
	[jarın akʃam]
the day after tomorrow	**yarından sonraki gün**
	[jarından sonraki gyn]
I'd like to pay.	**Ödeme yapmak istiyorum.**
	[ødɛmɛ japmak istijorum]
Everything was wonderful.	**Herşey harikaydı.**
	[hɛrʃɛj harikajdı]
Where can I get a taxi?	**Nereden taksiye binebilirim?**
	[nɛrɛdɛn taksije binɛbilirim?]
Would you call a taxi for me, please?	**Bana bir taksi çağırır mısınız, lütfen?**
	[bana bir taksi tʃaːırır mısınız, lytfɛn?]

Restaurant

Can I look at the menu, please?	**Menüye bakabilir miyim, lütfen?** [mɛnyje bakabilir mijim, lytfɛn?]
Table for one.	**Bir kişilik masa.** [bir kiʃilik masa]
There are two (three, four) of us.	**İki (üç, dört) kişiyiz.** [iki (ytʃ, dørt) kiʃijiz]

Smoking	**Sigara içilen bölüm** [sigara itʃilɛn bølym]
No smoking	**Sigara içilmeyen bölüm** [sigara itʃilmejen bølym]
Excuse me! (addressing a waiter)	**Affedersiniz!** [affedɛrsiniz!]
menu	**menü** [mɛny]
wine list	**şarap listesi** [ʃarap listɛsi]
The menu, please.	**Menü, lütfen.** [mɛny, lytfɛn]
Are you ready to order?	**Sipariş vermeye hazır mısınız?** [sipariʃ vermɛje hazır mısınız?]
What will you have?	**Ne alırsınız?** [nɛ alırsınız?]
I'll have ...	**... alacağım.** [... aladʒa:ım]

I'm a vegetarian.	**Ben vejetaryenim.** [ben veʒetarjenim]
meat	**et** [ɛt]
fish	**balık** [balık]
vegetables	**sebze** [sebzɛ]
Do you have vegetarian dishes?	**Vejetaryen yemekleriniz var mı?** [veʒetarjen jemekleriniz var mı?]
I don't eat pork.	**Domuz eti yemem.** [domuz ɛti jemɛm]
He /she/ doesn't eat meat.	**O et yemez.** [o ɛt jemɛz]
I am allergic to ...	**... alerjim var.** [... alerʒim var]
Would you please bring me ...	**Bana ... getirir misiniz, lütfen?** [bana ... getirir misiniz, lytfɛn?]

English	Turkish	Pronunciation
salt | pepper | sugar	**tuz | biber | şeker**	[tuz | bibɛr | ʃekɛr]
coffee | tea | dessert	**kahve | çay | tatlı**	[kahvɛ | ʧaj | tatlı]
water | sparkling | plain	**su | maden | içme**	[su | madɛn | iʧmɛ]
a spoon | fork | knife	**kaşık | çatal | bıçak**	[kaʃık | ʧatal | bıʧak]
a plate | napkin	**tabak | peçete**	[tabak | peʧɛtɛ]

Enjoy your meal! **Afiyet olsun!**
[afijet olsun!]

One more, please. **Bir tane daha, lütfen.**
[bir tanɛ daha, lytfɛn]

It was very delicious. **Çok lezzetliydi.**
[ʧok lezzɛtlijdi]

check \| change \| tip **hesap \| para üstü \| bahşiş**
[hesap \| para ysty \| bahʃiʃ]

Check, please. **Hesap, lütfen.**
(Could I have the check, please?) [hesap, lytfɛn]

Can I pay by credit card? **Kredi kartıyla ödeyebilir miyim?**
[krɛdi kartıjla ødejebilir mijim?]

I'm sorry, there's a mistake here. **Affedersiniz, burada bir yanlışlık var.**
[affedɛrsiniz, burada bir janlıʃlık var]

Shopping

Can I help you?	**Yardımcı olabilir miyim?** [jardımdʒı olabilir mijim?]
Do you have ...?	**Sizde ... var mı?** [sizdɛ ... var mı?]
I'm looking for ...	**... arıyorum.** [... arıjorum]
I need ...	**Bana ... lazım.** [bana ... lazım]
I'm just looking.	**Sadece bakıyorum.** [sadedʒɛ bakıjorum]
We're just looking.	**Sadece bakıyoruz.** [sadedʒɛ bakıjoruz]
I'll come back later.	**Daha sonra tekrar geleceğim.** [daha sonra tekrar gelɛdʒɛːim]
We'll come back later.	**Daha sonra tekrar geleceğiz.** [daha sonra tekrar gelɛdʒɛːiz]
discounts | sale	**iskonto | indirimli satış** [iskonto | indirimli satıʃ]
Would you please show me ...	**Bana ... gösterebilir misiniz?** [bana ... gøstɛrɛbilir misiniz?]
Would you please give me ...	**Bana ... verebilir misiniz?** [bana ... vɛrɛbilir misiniz?]
Can I try it on?	**Deneyebilir miyim?** [denɛjebilir mijim?]
Excuse me, where's the fitting room?	**Affedersiniz, deneme kabini nerede?** [affedɛrsiniz, dɛnɛmɛ kabini nɛrɛdɛ?]
Which color would you like?	**Ne renk istersiniz?** [nɛ rɛnk istɛrsiniz?]
size | length	**beden | boy** [bedɛn | boj]
How does it fit?	**Nasıl, üzerinize oldu mu?** [nasıl, yzɛrinizɛ oldu mu?]
How much is it?	**Bu ne kadar?** [bu nɛ kadar?]
That's too expensive.	**Çok pahalı.** [tʃok pahalı]
I'll take it.	**Bunu alıyorum.** [bunu alıjorum]
Excuse me, where do I pay?	**Affedersiniz, ödemeyi nerede yapabilirim?** [affedɛrsiniz, ødemɛji nɛrɛdɛ japabilirim?]

Will you pay in cash or credit card?	**Nakit mi yoksa kredi kartıyla mı ödeyeceksiniz?** [nakit mi joksa krɛdi kartıjla mı ødejedʒeksiniz?]
In cash | with credit card	**Nakit | kredi kartıyla** [nakit | krɛdi kartıjla]
Do you want the receipt?	**Fatura ister misiniz?** [fatura istɛr misiniz?]
Yes, please.	**Evet, lütfen.** [ɛvet, lytfɛn]
No, it's OK.	**Hayır, gerek yok.** [hajır, gerek jok]
Thank you. Have a nice day!	**Teşekkür ederim. İyi günler!** [tɛʃekkyr ɛdɛrim. iji gynlɛr!]

In town

Excuse me, please.	**Affedersiniz.** [affedɛrsiniz]
I'm looking for ...	**... arıyorum.** [... arıjorum]
the subway	**Metroyu** [metroju]
my hotel	**Otelimi** [otɛlimi]
the movie theater	**Sinemayı** [sinemajı]
a taxi stand	**Taksi durağını** [taksi duraːını]

an ATM	**Bir bankamatik** [bir bankamatik]
a foreign exchange office	**Bir döviz bürosu** [bir døviz byrosu]
an internet café	**Bir internet kafe** [bir intɛrnɛt kafɛ]
... street	**... caddesini** [... ʤaddɛsini]
this place	**Şurayı** [ʃurajı]

Do you know where ... is?	**... nerede olduğunu biliyor musunuz?** [... nɛrɛdɛ olduːunu bilijor musunuz?]
Which street is this?	**Bu caddenin adı ne?** [bu ʤaddenin adı nɛ?]
Show me where we are right now.	**Şu an nerede olduğumuzu gösterir misiniz?** [ʃu an nɛrɛdɛ olduːumuzu gøstɛrir misiniz?]
Can I get there on foot?	**Oraya yürüyerek gidebilir miyim?** [oraja jyryjerek gidɛbilir mijim?]
Do you have a map of the city?	**Sizde şehir haritası var mı?** [sizdɛ ʃɛhir haritası var mı?]

How much is a ticket to get in?	**Giriş bileti ne kadar?** [giriʃ bileti nɛ kadar?]
Can I take pictures here?	**Burada fotoğraf çekebilir miyim?** [burada fotoːraf tʃekɛbilir mijim?]
Are you open?	**Açık mısınız?** [atʃık mısınız?]

When do you open?	**Ne zaman açıyorsunuz?** [nɛ zaman atʃıjorsunuz?]
When do you close?	**Ne zaman kapatıyorsunuz?** [nɛ zaman kapatıjorsunuz?]

Money

money	**para** [para]
cash	**nakit** [nakit]
paper money	**kağıt para** [ka:ıt para]
loose change	**bozukluk** [bozukluk]
check | change | tip	**hesap | para üstü | bahşiş** [hesap | para ysty | bahʃiʃ]

credit card	**kredi kartı** [krɛdi kartı]
wallet	**cüzdan** [dʒyzdan]
to buy	**satın almak** [satın almak]
to pay	**ödemek** [ødɛmek]
fine	**ceza** [dʒɛza]
free	**bedava** [bedava]

Where can I buy ...?	**Nereden ... alabilirim?** [nɛrɛdɛn ... alabilirim?]
Is the bank open now?	**Banka açık mı?** [banka atʃık mı?]
When does it open?	**Ne zaman açılıyor?** [nɛ zaman atʃılıjor?]
When does it close?	**Ne zaman kapanıyor?** [nɛ zaman kapanıjor?]

How much?	**Ne kadar?** [nɛ kadar?]
How much is this?	**Bunun fiyatı nedir?** [bunun fijatı nɛdir?]

That's too expensive.	**Çok pahalı.** [tʃok pahalı]
Excuse me, where do I pay?	**Affedersiniz, ödemeyi nerede yapabilirim?** [affedɛrsiniz, ødemɛji nɛrɛdɛ japabilirim?]

Check, please.	**Hesap, lütfen.** [hesap, lytfɛn]
Can I pay by credit card?	**Kredi kartıyla ödeyebilir miyim?** [krɛdi kartıjla ødejebilir mijim?]
Is there an ATM here?	**Buralarda bankamatik var mı?** [buralarda bankamatik var mı?]
I'm looking for an ATM.	**Bankamatik arıyorum.** [bankamatik arıjorum]
I'm looking for a foreign exchange office.	**Döviz bürosu arıyorum.** [døviz byrosu arıjorum]
I'd like to change ...	**... bozdurmak istiyorum** [... bozdurmak istijorum]
What is the exchange rate?	**Döviz kuru nedir?** [døviz kuru nɛdir?]
Do you need my passport?	**Pasaportuma gerek var mı?** [pasaportuma gerek var mı?]

Time

What time is it?	**Saat kaç?** [saat katʃ?]
When?	**Ne zaman?** [nɛ zaman?]
At what time?	**Saat kaçta?** [saat katʃta?]
now | later | after ...	**şimdi | sonra | ...den sonra** [ʃimdi | sonra | ...den sonra]

one o'clock	**saat bir** [saat bir]
one fifteen	**bir on beş** [bir on bɛʃ]
one thirty	**bir otuz** [bir otuz]
one forty-five	**bir kırk beş** [bir kırk beʃ]

one | two | three	**bir | iki | üç** [bir | iki | ytʃ]
four | five | six	**dört | beş | altı** [dørt | beʃ | altı]
seven | eight | nine	**yedi | sekiz | dokuz** [jedi | sekiz | dokuz]
ten | eleven | twelve	**on | on bir | on iki** [on | on bir | on iki]

in ...	**... içinde** [... itʃindɛ]
five minutes	**beş dakika** [beʃ dakika]
ten minutes	**on dakika** [on dakika]
fifteen minutes	**on beş dakika** [on beʃ dakika]
twenty minutes	**yirmi dakika** [jirmi dakika]

half an hour	**yarım saat** [jarım saat]
an hour	**bir saat** [bir saat]

in the morning	**sabah** [sabah]
early in the morning	**sabah erkenden** [sabah ɛrkendɛn]
this morning	**bu sabah** [bu sabah]
tomorrow morning	**yarın sabah** [jarın sabah]
at noon	**öğlen yemeğinde** [ø:ølɛn jeme:indɛ]
in the afternoon	**öğleden sonra** [ø:øledɛn sonra]
in the evening	**akşam** [akʃam]
tonight	**bu akşam** [bu akʃam]
at night	**geceleyin** [gedʒɛlejin]
yesterday	**dün** [dyn]
today	**bugün** [bugyn]
tomorrow	**yarın** [jarın]
the day after tomorrow	**yarından sonraki gün** [jarından sonraki gyn]
What day is it today?	**Bugün günlerden ne?** [bugyn gynlerdɛn nɛ?]
It's ...	**Bugün ...** [bugyn ...]
Monday	**Pazartesi** [pazartɛsi]
Tuesday	**Salı** [salı]
Wednesday	**Çarşamba** [tʃarʃamba]
Thursday	**Perşembe** [perʃɛmbɛ]
Friday	**Cuma** [dʒuma]
Saturday	**Cumartesi** [dʒumartɛsi]
Sunday	**Pazar** [pazar]

Greetings. Introductions

Hello.	**Merhaba.**
	[mɛrhaba]
Pleased to meet you.	**Tanıştığımıza memnun oldum.**
	[tanıʃtı:ımıza memnun oldum]
Me too.	**Ben de.**
	[ben dɛ]
I'd like you to meet ...	**Sizi ... ile tanıştırmak istiyorum**
	[sizi ... ile tanıʃtırmak istijorum]
Nice to meet you.	**Memnun oldum.**
	[memnun oldum]
How are you?	**Nasılsınız?**
	[nasılsınız?]
My name is ...	**Adım ...**
	[adım ...]
His name is ...	**Adı ...**
	[adı ...]
Her name is ...	**Adı ...**
	[adı ...]
What's your name?	**Adınız nedir?**
	[adınız nɛdir?]
What's his name?	**Onun adı ne?**
	[onun adı nɛ?]
What's her name?	**Onun adı ne?**
	[onun adı nɛ?]
What's your last name?	**Soyadınız nedir?**
	[sojadınız nɛdir?]
You can call me ...	**Bana ... diyebilirsiniz.**
	[bana ... dijebilirsiniz]
Where are you from?	**Nereden geliyorsunuz?**
	[nɛrɛdɛn gelijorsunuz?]
I'm from ...	**... dan geliyorum.**
	[... dan gelijorum]
What do you do for a living?	**Mesleğiniz nedir?**
	[mɛsle:iniz nɛdir?]
Who is this?	**Bu kim?**
	[bu kim?]
Who is he?	**O kim?**
	[o kim?]
Who is she?	**O kim?**
	[o kim?]
Who are they?	**Onlar kim?**
	[onlar kim?]

This is ...	**Bu ...** [bu ...]
my friend (masc.)	**arkadaşım** [arkadaʃim]
my friend (fem.)	**arkadaşım** [arkadaʃim]
my husband	**kocam** [kodʒam]
my wife	**karım** [karım]
my father	**babam** [babam]
my mother	**annem** [annɛm]
my brother	**erkek kardeşim** [ɛrkek kardɛʃim]
my sister	**kız kardeşim** [kız kardɛʃim]
my son	**oğlum** [o:lum]
my daughter	**kızım** [kızım]
This is our son.	**Bu bizim oğlumuz.** [bu bizim o:lumuz]
This is our daughter.	**Bu bizim kızımız.** [bu bizim kızımız]
These are my children.	**Bunlar benim çocuklarım.** [bunlar benim ʧodʒuklarım]
These are our children.	**Bunlar bizim çocuklarımız.** [bunlar bizim ʧodʒuklarımız]

Farewells

Good bye!	**Hoşça kalın!** [hoʃtʃa kalın!]
Bye! (inform.)	**Görüşürüz!** [gøryʃyryz!]
See you tomorrow.	**Yarın görüşmek üzere.** [jarın gøryʃmek yzɛrɛ]
See you soon.	**Görüşmek üzere.** [gøryʃmek yzɛrɛ]
See you at seven.	**Saat yedide görüşürüz.** [saat jedidɛ gøryʃyryz]
Have fun!	**İyi eğlenceler!** [iji ɛːlendʒelɛr!]
Talk to you later.	**Sonra konuşuruz.** [sonra konuʃuruz]
Have a nice weekend.	**İyi hafta sonları.** [iji hafta sonları]
Good night.	**İyi geceler.** [iji gɛdʒɛlɛr]
It's time for me to go.	**Gitme vaktim geldi.** [gitmɛ vaktim gɛldi]
I have to go.	**Gitmem lazım.** [gitmɛm lazım]
I will be right back.	**Hemen dönerim.** [hemɛn dønɛrim]
It's late.	**Geç oldu.** [getʃ oldu]
I have to get up early.	**Erken kalkmam lazım.** [ɛrken kalkmam lazım]
I'm leaving tomorrow.	**Yarın gidiyorum.** [jarın gidijorum]
We're leaving tomorrow.	**Yarın gidiyoruz.** [jarın gidijoruz]
Have a nice trip!	**İyi yolculuklar!** [iji joldʒuluklar!]
It was nice meeting you.	**Tanıştığımıza memnun oldum.** [tanıʃtıːımıza memnun oldum]
It was nice talking to you.	**Konuştuğumuza memnun oldum.** [konuʃtuːumuza memnun oldum]
Thanks for everything.	**Herşey için teşekkürler.** [hɛrʃɛj itʃin tɛʃekkyrlɛr]

I had a very good time.	**Çok iyi vakit geçirdim.** [tʃok iji vakit getʃirdim]
We had a very good time.	**Çok iyi vakit geçirdik.** [tʃok iji vakit getʃirdik]
It was really great.	**Gerçekten harikaydı.** [gertʃektɛn harikajdɯ]
I'm going to miss you.	**Seni özleyeceğim.** [seni øzlejedʒɛːim]
We're going to miss you.	**Sizi özleyeceğiz.** [sizi øzlejedʒɛːiz]
Good luck!	**İyi şanslar!** [iji ʃanslar!]
Say hi to ...	**... selam söyle.** [... sɛlam søjle]

Foreign language

I don't understand.	**Anlamıyorum.** [anlamıjorum]
Write it down, please.	**Yazar mısınız, lütfen?** [jazar mısınız, lytfɛn?]
Do you speak ...?	**... biliyor musunuz?** [... bilijor musunuz?]
I speak a little bit of ...	**Biraz ... biliyorum.** [biraz ... bilijorum]
English	**İngilizce** [ingilizdʒɛ]
Turkish	**Türkçe** [tyrktʃɛ]
Arabic	**Arapça** [araptʃa]
French	**Fransızca** [fransızdʒa]
German	**Almanca** [almandʒa]
Italian	**İtalyanca** [italjandʒa]
Spanish	**İspanyolca** [ispanjoldʒa]
Portuguese	**Portekizce** [portekizdʒɛ]
Chinese	**Çince** [tʃindʒɛ]
Japanese	**Japonca** [ʒapondʒa]
Can you repeat that, please.	**Tekrar edebilir misiniz, lütfen?** [tekrar ɛdɛbilir misiniz, lytfɛn?]
I understand.	**Anlıyorum.** [anlıjorum]
I don't understand.	**Anlamıyorum.** [anlamıjorum]
Please speak more slowly.	**Lütfen daha yavaş konuşun.** [lytfɛn daha javaʃ konuʃun]
Is that correct? (Am I saying it right?)	**Bu doğru mu?** [bu doːru mu?]
What is this? (What does this mean?)	**Bu ne?** [bu nɛ?]

Apologies

Excuse me, please.	**Affedersiniz.** [affedɛrsiniz]
I'm sorry.	**Üzgünüm.** [yzgynym]
I'm really sorry.	**Gerçekten çok üzgünüm.** [gertʃektɛn tʃok yzgynym]
Sorry, it's my fault.	**Özür dilerim, benim hatam.** [øzyr dilerim, benim hatam]
My mistake.	**Benim hatamdı.** [benim hatamdı]
May I ...?	**... yapabilir miyim?** [... japabilir mijim?]
Do you mind if I ...?	**... bir mahsuru var mı?** [... bir mahsuru var mı?]
It's OK.	**Sorun değil.** [sorun dɛ:il]
It's all right.	**Zararı yok.** [zararı jok]
Don't worry about it.	**Hiç önemli değil.** [hitʃ ønemli dɛ:il]

Agreement

Yes.	**Evet.** [ɛvet]
Yes, sure.	**Evet, tabii ki.** [ɛvet, tabii ki]
OK (Good!)	**Tamam.** [tamam]
Very well.	**Çok iyi.** [tʃok iji]
Certainly!	**Tabii ki!** [tabii ki!]
I agree.	**Katılıyorum.** [katılıjorum]
That's correct.	**Doğru.** [doːru]
That's right.	**Aynen öyle.** [ajnɛn øjle]
You're right.	**Haklısınız.** [haklısınız]
I don't mind.	**Benim için sorun değil.** [benim itʃin sorun dɛːil]
Absolutely right.	**Kesinlikle doğru.** [kesinliklɛ doːru]
It's possible.	**Bu mümkün.** [bu mymkyn]
That's a good idea.	**Bu iyi bir fikir.** [bu iji bir fikir]
I can't say no.	**Hayır diyemem.** [hajır dijemɛm]
I'd be happy to.	**Memnun olurum.** [memnun olurum]
With pleasure.	**Zevkle.** [zɛvkle]

Refusal. Expressing doubt

No.	**Hayır.** [hajır]
Certainly not.	**Kesinlikle hayır.** [kesinliklɛ hajır]
I don't agree.	**Katılmıyorum.** [katılmıjorum]
I don't think so.	**Sanmıyorum.** [sanmıjorum]
It's not true.	**Bu doğru değil.** [bu doːru dɛːil]
You are wrong.	**Yanılıyorsunuz.** [janılıjorsunuz]
I think you are wrong.	**Bence yanılıyorsunuz.** [bendʒe janılıjorsunuz]
I'm not sure.	**Emin değilim.** [ɛmin dɛːilim]
It's impossible.	**Bu mümkün değil.** [bu mymkyn dɛːil]
Nothing of the kind (sort)!	**Hiçbir surette!** [hitʃbir surɛttɛ!]
The exact opposite.	**Tam tersi.** [tam tɛrsi]
I'm against it.	**Ben buna karşıyım.** [ben buna karʃıjım]
I don't care.	**Umrumda değil.** [umrumda dɛːil]
I have no idea.	**Hiçbir fikrim yok.** [hitʃbir fikrim jok]
I doubt that.	**O konuda şüpheliyim.** [o konuda ʃyphɛlijim]
Sorry, I can't.	**Üzgünüm, yapamam.** [yzgynym, japamam]
Sorry, I don't want to.	**Üzgünüm, istemiyorum.** [yzgynym, istɛmijorum]
Thank you, but I don't need this.	**Teşekkür ederim, fakat buna ihtiyacım yok.** [tɛʃekkyr ɛdɛrim, fakat buna ihtijadʒım jok]
It's late.	**Geç oluyor.** [getʃ olujor]

I have to get up early.	**Erken kalmalıyım.** [ɛrken kalmalıjım]
I don't feel well.	**Kendimi iyi hissetmiyorum.** [kendimi iji hissɛtmijorum]

Expressing gratitude

Thank you.	**Teşekkürler.** [tɛʃekkyrlɛr]
Thank you very much.	**Çok teşekkür ederim.** [tʃok tɛʃekkyr edɛrim]
I really appreciate it.	**Gerçekten müteşekkirim.** [gertʃektɛn myteʃekkirim]
I'm really grateful to you.	**Size hakikaten minnettarım.** [sizɛ hakikatɛn minnettarım]
We are really grateful to you.	**Size hakikaten minnettarız.** [sizɛ hakikatɛn minnettarız]
Thank you for your time.	**Zaman ayırdığınız için teşekkür ederim.** [zaman ajırdı:ınız itʃin tɛʃekkyr edɛrim]
Thanks for everything.	**Herşey için teşekkürler.** [hɛrʃɛj itʃin tɛʃekkyrlɛr]
Thank you for …	**… için teşekkürler.** [… itʃin tɛʃekkyrlɛr]
your help	**Yardımınız için teşekkürler.** [jardımınız itʃin tɛʃekkyrlɛr]
a nice time	**Bu güzel vakit için teşekkürler.** [bu gyzɛl vakit itʃin tɛʃekkyrlɛr]
a wonderful meal	**Bu harika yemek için teşekkürler.** [bu harika jemek itʃin tɛʃekkyrlɛr]
a pleasant evening	**Bu güzel akşam için teşekkürler.** [bu gyzɛl akʃam itʃin tɛʃekkyrlɛr]
a wonderful day	**Bu harika gün için teşekkürler.** [bu harika gyn itʃin tɛʃekkyrlɛr]
an amazing journey	**Bu harika yolculuk için teşekkürler.** [bu harika joldʒuluk itʃin tɛʃekkyrlɛr]
Don't mention it.	**Lafı bile olmaz.** [lafı bilɛ olmaz]
You are welcome.	**Bir şey değil.** [bir ʃɛj dɛ:il]
Any time.	**Her zaman.** [hɛr zaman]
My pleasure.	**O zevk bana ait.** [o zɛvk bana ait]

Forget it. It's alright. **Hiç önemli değil.**
[hitʃ ønemli dɛːil]

Don't worry about it. **Hiç dert etme.**
[hitʃ dɛrt ɛtmɛ]

Congratulations. Best wishes

Congratulations! **Tebrikler!**
[tɛbriklɛr!]

Happy birthday! **Doğum günün kutlu olsun!**
[do:um gynyn kutlu olsun!]

Merry Christmas! **Mutlu Noeller!**
[mutlu noɛllɛr!]

Happy New Year! **Yeni yılın kutlu olsun!**
[jeni jılın kutlu olsun!]

Happy Easter! **Mutlu Paskalyalar!**
[mutlu paskaljalar!]

Happy Hanukkah! **Mutlu Hanuka Bayramları!**
[mutlu hanuka bajramları!]

I'd like to propose a toast. **Kadeh kaldırmak istiyorum.**
[kadɛh kaldırmak istijorum]

Cheers! **Şerefe!**
[ʃɛrɛfɛ!]

Let's drink to …! **… için kadeh kaldıralım!**
[… itʃin kadɛh kaldıralım!]

To our success! **Başarımıza!**
[baʃarımıza!]

To your success! **Başarınıza!**
[baʃarınıza!]

Good luck! **İyi şanslar!**
[iji ʃanslar!]

Have a nice day! **İyi günler!**
[iji gynlɛr!]

Have a good holiday! **İyi tatiller!**
[iji tatillɛr!]

Have a safe journey! **İyi yolculuklar!**
[iji joldʒuluklar!]

I hope you get better soon! **Geçmiş olsun!**
[getʃmiʃ olsun!]

Socializing

Why are you sad?	**Neden üzgünsünüz?** [nɛdɛn yzgynsynyz?]
Smile! Cheer up!	**Gülümseyin! Neşelenin!** [gylymsɛjin! nɛʃɛlɛnin!]
Are you free tonight?	**Bu gece müsait misiniz?** [bu gedʒɛ mysait misiniz?]
May I offer you a drink?	**Size bir içki ısmarlayabilir miyim?** [sizɛ bir itʃki ısmarlajabilir mijim?]
Would you like to dance?	**Dans eder misiniz?** [dans ɛdɛr misiniz?]
Let's go to the movies.	**Hadi sinemaya gidelim.** [hadi sinemaja gidɛlim]
May I invite you to ...?	**Sizi ... davet edebilir miyim?** [sizi ... davɛt ɛdɛbilir mijim?]
a restaurant	**restorana** [restorana]
the movies	**sinemaya** [sinemaja]
the theater	**tiyatroya** [tijatroja]
go for a walk	**yürüyüşe** [jyryjyʃɛ]
At what time?	**Saat kaçta?** [saat katʃta?]
tonight	**bu gece** [bu gedʒɛ]
at six	**altıda** [altıda]
at seven	**yedide** [jedidɛ]
at eight	**sekizde** [sekizdɛ]
at nine	**dokuzda** [dokuzda]
Do you like it here?	**Burayı sevdiniz mi?** [burajı sɛvdiniz mi?]
Are you here with someone?	**Biriyle birlikte mi geldiniz?** [birijle birliktɛ mi geldiniz?]
I'm with my friend.	**Arkadaşımlayım.** [arkadaʃımlajım]

I'm with my friends.	**Arkadaşlarımlayım.** [arkadaʃlarımlajım]
No, I'm alone.	**Hayır, yalnızım.** [hajır, jalnızım]
Do you have a boyfriend?	**Erkek arkadaşınız var mı?** [ɛrkek arkadaʃınız var mı?]
I have a boyfriend.	**Erkek arkadaşım var.** [ɛrkek arkadaʃım var]
Do you have a girlfriend?	**Kız arkadaşınız var mı?** [kız arkadaʃınız var mı?]
I have a girlfriend.	**Kız arkadaşım var.** [kız arkadaʃım var]
Can I see you again?	**Seni tekrar görebilir miyim?** [seni tekrar gørebilir mijim?]
Can I call you?	**Seni arayabilir miyim?** [seni arajabilir mijim?]
Call me. (Give me a call.)	**Ara beni.** [ara beni]
What's your number?	**Telefon numaran nedir?** [tɛlefon numaran nɛdir?]
I miss you.	**Seni özledim.** [seni øzledim]
You have a beautiful name.	**Adınız çok güzel.** [adınız tʃok gyzɛl]
I love you.	**Seni seviyorum.** [seni sevijorum]
Will you marry me?	**Benimle evlenir misin?** [benimle ɛvlenir misin?]
You're kidding!	**Şaka yapıyorsunuz!** [ʃaka japıjorsunuz!]
I'm just kidding.	**Sadece şaka yapıyorum.** [sadedʒɛ ʃaka japıjorum]
Are you serious?	**Ciddi misiniz?** [dʒiddi misiniz?]
I'm serious.	**Ciddiyim.** [dʒiddijim]
Really?!	**Gerçekten mi?!** [gertʃektɛn mi?!]
It's unbelievable!	**İnanılmaz!** [inanılmaz!]
I don't believe you.	**Size inanmıyorum.** [sizɛ inanmıjorum]
I can't.	**Yapamam.** [japamam]
I don't know.	**Bilmiyorum.** [bilmijorum]
I don't understand you.	**Sizi anlamıyorum.** [sizi anlamıjorum]

Please go away.	**Lütfen gider misiniz?** [lytfɛn gidɛr misiniz?]
Leave me alone!	**Beni rahat bırakın!** [beni rahat bırakın!]
I can't stand him.	**Ona katlanamıyorum!** [ona katlanamıjorum!]
You are disgusting!	**İğrençsiniz!** [iːirɛntʃsiniz!]
I'll call the police!	**Polisi arayacağım!** [polisi arajadʒaːım!]

Sharing impressions. Emotions

I like it.	**Bunu sevdim.** [bunu sɛvdim]
Very nice.	**Çok hoş.** [ʧok hoʃ]
That's great!	**Bu harika!** [bu harika!]
It's not bad.	**Fena değil.** [fena dɛ:il]

I don't like it.	**Bundan hoşlanmadım.** [bundan hoʃlanmadım]
It's not good.	**Bu iyi değil.** [bu iji dɛ:il]
It's bad.	**Bu kötü.** [bu køty]
It's very bad.	**Bu çok kötü.** [bu ʧok køty]
It's disgusting.	**Bu iğrenç.** [bu i:irɛnʧ]

I'm happy.	**Mutluyum.** [mutlujum]
I'm content.	**Halimden memnunum.** [halimdɛn mɛmnunum]
I'm in love.	**Aşığım.** [aʃı:ım]
I'm calm.	**Sakinim.** [sakinim]
I'm bored.	**Sıkıldım.** [sıkıldım]

I'm tired.	**Yorgunum.** [jorgunum]
I'm sad.	**Üzgünüm.** [yzgynym]
I'm frightened.	**Korkuyorum.** [korkujorum]

I'm angry.	**Kızgınım.** [kızgınım]
I'm worried.	**Endişeliyim.** [ɛndiʃɛlijim]
I'm nervous.	**Gerginim.** [gerginim]

I'm jealous. (envious)	**Kıskanıyorum.** [kıskanıjorum]
I'm surprised.	**Şaşırdım.** [ʃaʃırdım]
I'm perplexed.	**Şaşkınım.** [ʃaʃkınım]

Problems. Accidents

I've got a problem.	**Bir sorunum var.** [bir sorunum var]
We've got a problem.	**Bir sorunumuz var.** [bir sorunumuz var]
I'm lost.	**Kayboldum.** [kajboldum]
I missed the last bus (train).	**Son otobüsü (treni) kaçırdım.** [son otobysy (treni) katʃɯrdɯm]
I don't have any money left.	**Hiç param kalmadı.** [hitʃ param kalmadɯ]
I've lost my ...	**... kaybettim.** [... kajbɛttim]
Someone stole my ...	**Biri ... çaldı.** [biri ... tʃaldɯ]
passport	**pasaportumu** [pasaportumu]
wallet	**cüzdanımı** [dʒyzdanɯmɯ]
papers	**belgelerimi** [belgelerimi]
ticket	**biletimi** [biletimi]
money	**paramı** [paramɯ]
handbag	**el çantamı** [ɛl tʃantamɯ]
camera	**fotoğraf makinamı** [fotoːraf makinamɯ]
laptop	**dizüstü bilgisayarımı** [dizysty bilgisajarɯmɯ]
tablet computer	**tablet bilgisayarımı** [tablet bilgisajarɯmɯ]
mobile phone	**cep telefonumu** [dʒɛp tɛlefonumu]
Help me!	**Yardım edin!** [jardɯm ɛdin!]
What's happened?	**Ne oldu?** [nɛ oldu?]
fire	**yangın** [jangɯn]

shooting	**silahlı çatışma** [silahlı tʃatıʃma]
murder	**cinayet** [dʒinajet]
explosion	**patlama** [patlama]
fight	**kavga** [kavga]

Call the police!	**Polis çağırın!** [polis tʃaːırın!]
Please hurry up!	**Lütfen acele edin!** [lytfɛn adʒɛle ɛdin!]
I'm looking for the police station.	**Karakolu arıyorum.** [karakolu arıjorum]
I need to make a call.	**Telefon açmam gerek.** [tɛlefon atʃmam gerek]
May I use your phone?	**Telefonunuzu kullanabilir miyim?** [tɛlefonunuzu kullanabilir mijim?]

I've been ...	**Ben ...** [ben ...]
mugged	**gasp edildim.** [gasp ɛdildim]
robbed	**soyuldum.** [sojuldum]
raped	**tecavüze uğradım.** [tɛdʒavyzɛ uːradım]
attacked (beaten up)	**saldırıya uğradım.** [saldırıja uːradım]
Are you all right?	**İyi misiniz?** [iji misiniz?]
Did you see who it was?	**Kim olduğunu gördünüz mü?** [kim olduːunu gørdynyz my?]
Would you be able to recognize the person?	**Yapanı görseniz, tanıyabilir misiniz?** [japanı gørsɛniz, tanıjabilir misiniz?]
Are you sure?	**Emin misiniz?** [ɛmin misiniz?]

Please calm down.	**Lütfen sakinleşin.** [lytfɛn sakinleʃin]
Take it easy!	**Sakin ol!** [sakin ol!]
Don't worry!	**Endişelenmeyin!** [ɛndiʃɛlenmɛjin!]
Everything will be fine.	**Herşey yoluna girecek.** [hɛrʃɛj joluna giredʒek]
Everything's all right.	**Herşey yolunda.** [hɛrʃɛj jolunda]
Come here, please.	**Buraya gelin, lütfen.** [buraja gelin, lytfɛn]

I have some questions for you.	**Size birkaç sorum olacak.**
	[sizɛ birkatʃ sorum oladʒak]
Wait a moment, please.	**Bir dakika bekler misiniz, lütfen?**
	[bir dakika beklɛr misiniz, lytfɛn?]
Do you have any I.D.?	**Kimliğiniz var mı?**
	[kimliğiniz var mı?]
Thanks. You can leave now.	**Teşekkürler. Şimdi gidebilirsiniz.**
	[tɛʃekkyrlɛr. ʃimdi gidɛbilirsiniz]
Hands behind your head!	**Ellerinizi başınızın arkasına koyun!**
	[ɛllɛrinizi baʃınızın arkasına kojun!]
You're under arrest!	**Tutuklusunuz!**
	[tutuklusunuz!]

Health problems

Please help me.	**Lütfen bana yardım eder misiniz?** [lytfɛn bana jardım ɛdɛr misiniz?]
I don't feel well.	**Kendimi iyi hissetmiyorum.** [kendimi iji hissɛtmijorum]
My husband doesn't feel well.	**Kocam kendisini iyi hissetmiyor.** [kodʒam kendisini iji hissɛtmijor]
My son ...	**Oğlum ...** [oːlum ...]
My father ...	**Babam ...** [babam ...]
My wife doesn't feel well.	**Karım kendisini iyi hissetmiyor.** [karım kendisini iji hissɛtmijor]
My daughter ...	**Kızım ...** [kızım ...]
My mother ...	**Annem ...** [annɛm ...]
I've got a ...	**... ağrıyor.** [... aːrıjor]
headache	**Başım** [baʃım]
sore throat	**Boğazım** [boːazım]
stomach ache	**Midem** [midɛm]
toothache	**Dişim** [diʃim]
I feel dizzy.	**Başım dönüyor.** [baʃım dønyjor]
He has a fever.	**Ateşi var.** [atɛʃi var]
She has a fever.	**Ateşi var.** [atɛʃi var]
I can't breathe.	**Nefes alamıyorum.** [nɛfɛs alamıjorum]
I'm short of breath.	**Nefesim daralıyor.** [nɛfɛsim daralıjor]
I am asthmatic.	**Astımım var.** [astımım var]
I am diabetic.	**Şeker hastalığım var.** [ʃekɛr hastalıːım var]

I can't sleep.	**Uyuyamıyorum.** [ujujamıjorum]
food poisoning	**Gıda zehirlenmesi** [gıda zɛhirlenmɛsi]
It hurts here.	**Burası acıyor.** [burası adʒıjor]
Help me!	**Yardım edin!** [jardım ɛdin!]
I am here!	**Buradayım!** [buradajım!]
We are here!	**Buradayız!** [buradajız!]
Get me out of here!	**Beni buradan çıkarın!** [beni buradan tʃıkarın!]
I need a doctor.	**Doktora ihtiyacım var.** [doktora ihtijadʒım var]
I can't move.	**Hareket edemiyorum.** [harekɛt ɛdɛmijorum]
I can't move my legs.	**Bacaklarımı kıpırdatamıyorum.** [badʒaklarımı kıpırdatamıjorum]
I have a wound.	**Yaralandım.** [jaralandım]
Is it serious?	**Ciddi mi?** [dʒiddi mi?]
My documents are in my pocket.	**Belgelerim cebimde.** [belgelerim dʒɛbimdɛ]
Calm down!	**Sakin olun!** [sakin olun!]
May I use your phone?	**Telefonunuzu kullanabilir miyim?** [tɛlefonunuzu kullanabilir mijim?]
Call an ambulance!	**Ambulans çağırın!** [ambulans tʃa:ırın!]
It's urgent!	**Acil!** [adʒil!]
It's an emergency!	**Bu bir acil durum!** [bu bir adʒil durum!]
Please hurry up!	**Lütfen acele edin!** [lytfɛn adʒɛle ɛdin!]
Would you please call a doctor?	**Lütfen doktor çağırır mısınız?** [lytfɛn doktor tʃa:ırır mısınız?]
Where is the hospital?	**Hastane nerede?** [hastanɛ nɛrɛdɛ?]
How are you feeling?	**Kendinizi nasıl hissediyorsunuz?** [kendinizi nasıl hissɛdijorsunuz?]
Are you all right?	**İyi misiniz?** [iji misiniz?]
What's happened?	**Ne oldu?** [nɛ oldu?]

I feel better now.	**Şimdi daha iyiyim.** [ʃimdi daha ijijim]
It's OK.	**Sorun değil.** [sorun dɛːil]
It's all right.	**Bir şeyim yok.** [bir ʃɛjim jok]

At the pharmacy

pharmacy (drugstore)	**eczane** [ɛdʒzane]
24-hour pharmacy	**nöbetçi eczane** [nøbɛttʃi ɛdʒzane]
Where is the closest pharmacy?	**En yakın eczane nerede?** [ɛn jakın ɛdʒzane nɛrɛdɛ?]

Is it open now?	**Şu an açık mı?** [ʃu an atʃık mı?]
At what time does it open?	**Saat kaçta açılıyor?** [saat katʃta atʃılıjor?]
At what time does it close?	**Saat kaçta kapanıyor?** [saat katʃta kapanıjor?]

Is it far?	**Uzakta mı?** [uzakta mı?]
Can I get there on foot?	**Oraya yürüyerek gidebilir miyim?** [oraja jyryjerek gidɛbilir mijim?]
Can you show me on the map?	**Yerini haritada gösterebilir misiniz?** [jerini haritada gøstɛrɛbilir misiniz?]

Please give me something for ...	**Lütfen ... için bir şey verir misiniz?** [lytfɛn ... itʃin bir ʃɛj vɛrir misiniz?]
a headache	**baş ağrısı** [baʃ aːrısı]
a cough	**öksürük** [øksyryk]
a cold	**soğuk algınlığı** [soːuk algınlıːı]
the flu	**grip** [grip]

a fever	**ateş** [atɛʃ]
a stomach ache	**mide ağrısı** [midɛ aːrısı]
nausea	**bulantı** [bulantı]
diarrhea	**ishal** [ishal]
constipation	**kabızlık** [kabızlık]
pain in the back	**sırt ağrısı** [sırt aːrısı]

chest pain	**göğüs ağrısı** [gø:øys a:rısı]
side stitch	**dalak şişmesi** [dalak ʃiʃmɛsi]
abdominal pain	**karın ağrısı** [karın a:rısı]

pill	**hap** [hap]
ointment, cream	**merhem, krem** [mɛrhɛm, krɛm]
syrup	**şurup** [ʃurup]
spray	**sprey** [sprɛj]
drops	**damla** [damla]

You need to go to the hospital.	**Hastaneye gitmeniz gerek.** [hastanɛje gitmɛniz gerek]
health insurance	**sağlık sigortası** [sa:lık sigortası]
prescription	**reçete** [retʃɛtɛ]
insect repellant	**böcek ilacı** [bødʒek iladʒı]
Band Aid	**yara bandı** [jara bandı]

The bare minimum

Excuse me, ...	**Affedersiniz, ...** [affedɛrsiniz, ...]
Hello.	**Merhaba.** [mɛrhaba]
Thank you.	**Teşekkürler.** [tɛʃekkyrlɛr]
Good bye.	**Hoşça kalın.** [hoʃtʃa kalın]
Yes.	**Evet.** [ɛvet]
No.	**Hayır.** [hajır]
I don't know.	**Bilmiyorum.** [bilmijorum]
Where? | Where to? | When?	**Nerede? | Nereye? | Ne zaman?** [nɛrɛdɛ? | nɛrɛje? | nɛ zaman?]
I need ...	**Bana ... lazım.** [bana ... lazım]
I want ...	**... istiyorum.** [... istijorum]
Do you have ...?	**Sizde ... var mı?** [sizdɛ ... var mı?]
Is there a ... here?	**Burada ... var mı?** [burada ... var mı?]
May I ...?	**... yapabilir miyim?** [... japabilir mijim?]
..., please (polite request)	**..., lütfen** [..., lytfɛn]
I'm looking for ...	**Ben ... arıyorum.** [ben ... arıjorum]
restroom	**tuvaleti** [tuvaleti]
ATM	**bankamatik** [bankamatik]
pharmacy (drugstore)	**eczane** [ɛdʒzane]
hospital	**hastane** [hastanɛ]
police station	**karakolu** [karakolu]
subway	**metroyu** [metroju]

taxi	**taksi** [taksi]
train station	**tren istasyonunu** [tren istasjonunu]

My name is ...	**Benim adım ...** [benim adım ...]
What's your name?	**Adınız nedir?** [adınız nɛdir?]
Could you please help me?	**Bana yardım edebilir misiniz, lütfen?** [bana jardım ɛdɛbilir misiniz, lytfɛn?]
I've got a problem.	**Bir sorunum var.** [bir sorunum var]
I don't feel well.	**Kendimi iyi hissetmiyorum.** [kendimi iji hissɛtmijorum]
Call an ambulance!	**Ambulans çağırın!** [ambulans ʧaːırın!]
May I make a call?	**Telefonunuzdan bir arama yapabilir miyim?** [tɛlefonunuzdan bir arama japabilir mijim?]

I'm sorry.	**Üzgünüm.** [yzgynym]
You're welcome.	**Rica ederim.** [ridʒa ɛdɛrim]

I, me	**Ben, bana** [ben, bana]
you (inform.)	**sen** [sen]
he	**o** [o]
she	**o** [o]
they (masc.)	**onlar** [onlar]
they (fem.)	**onlar** [onlar]
we	**biz** [biz]
you (pl)	**siz** [siz]
you (sg, form.)	**siz** [siz]

ENTRANCE	**GİRİŞ** [giriʃ]
EXIT	**ÇIKIŞ** [ʧikiʃ]
OUT OF ORDER	**HİZMET DIŞI** [hizmɛt diʃi]

CLOSED	**KAPALI** [kapali]
OPEN	**AÇIK** [atʃik]
FOR WOMEN	**KADINLAR İÇİN** [kadinlar itʃin]
FOR MEN	**ERKEKLER İÇİN** [ɛrkeklɛr itʃin]

MINI DICTIONARY

This section contains 250 useful words required for everyday communication. You will find the names of months and days of the week here. The dictionary also contains topics such as colors, measurements, family, and more

T&P Books Publishing

DICTIONARY CONTENTS

1. Time. Calendar	75
2. Numbers. Numerals	76
3. Humans. Family	77
4. Human body	78
5. Clothing. Personal accessories	79
6. House. Apartment	80

T&P Books Publishing

1. Time. Calendar

time	zaman, vakit	[zaman], [vakit]
hour	saat	[sa:t]
half an hour	yarım saat	[jarım sa:t]
minute	dakika	[dakika]
second	saniye	[sanijæ]
today (adv)	bugün	[bugyn]
tomorrow (adv)	yarın	[jarın]
yesterday (adv)	dün	[dyn]
Monday	Pazartesi	[pazartæsi]
Tuesday	Salı	[salı]
Wednesday	Çarşamba	[tʃarʃamba]
Thursday	Perşembe	[pærʃæmbæ]
Friday	Cuma	[dʒuma]
Saturday	Cumartesi	[dʒumartæsi]
Sunday	Pazar	[pazar]
day	gün	[gyn]
working day	iş günü	[iʃ gyny]
public holiday	bayram günü	[bajram gyny]
weekend	hafta sonu	[hafta sonu]
week	hafta	[hafta]
last week (adv)	geçen hafta	[gætʃæn hafta]
next week (adv)	gelecek hafta	[gæʎdʒæk hafta]
in the morning	sabahleyin	[sabahlæjın]
in the afternoon	öğleden sonra	[øjlædæn sonra]
in the evening	akşamleyin	[akʃamlæjın]
tonight (this evening)	bu akşam	[bu akʃam]
at night	geceleyin	[gædʒælæjın]
midnight	gece yarısı	[gædʒæ jarısı]
January	ocak	[odʒak]
February	şubat	[ʃubat]
March	mart	[mart]
April	nisan	[nisan]
May	mayıs	[majıs]
June	haziran	[haziran]
July	temmuz	[tæmmuz]
August	ağustos	[a:ustos]

September	eylül	[æjlyʎ]
October	ekim	[ækim]
November	kasım	[kasım]
December	aralık	[aralık]

in spring	ilkbaharda	[iʎkbaharda]
in summer	yazın	[jazın]
in fall	sonbaharda	[sonbaharda]
in winter	kışın	[kıʃın]

month	ay	[aj]
season (summer, etc.)	mevsim	[mævsim]
year	yıl, sene	[jıl], [sænæ]

2. Numbers. Numerals

0 zero	sıfır	[sıfır]
1 one	bir	[bir]
2 two	iki	[iki]
3 three	üç	[jutʃ]
4 four	dört	[dørt]

5 five	beş	[bæʃ]
6 six	altı	[altı]
7 seven	yedi	[jædi]
8 eight	sekiz	[sækiz]
9 nine	dokuz	[dokuz]
10 ten	on	[on]

11 eleven	on bir	[on bir]
12 twelve	on iki	[on iki]
13 thirteen	on üç	[on jutʃ]
14 fourteen	on dört	[on dørt]
15 fifteen	on beş	[on bæʃ]

16 sixteen	on altı	[on altı]
17 seventeen	on yedi	[on jædi]
18 eighteen	on sekiz	[on sækiz]
19 nineteen	on dokuz	[on dokuz]

20 twenty	yirmi	[jırmi]
30 thirty	otuz	[otuz]
40 forty	kırk	[kırk]
50 fifty	elli	[ælli]

60 sixty	altmış	[altmıʃ]
70 seventy	yetmiş	[jætmiʃ]
80 eighty	seksen	[sæksæn]
90 ninety	doksan	[doksan]
100 one hundred	yüz	[juz]

200 two hundred	iki yüz	[iki juz]
300 three hundred	üç yüz	[utʃ juz]
400 four hundred	dört yüz	[dørt juz]
500 five hundred	beş yüz	[bæʃ juz]
600 six hundred	altı yüz	[altı juz]
700 seven hundred	yedi yüz	[jædi juz]
800 eight hundred	sekiz yüz	[sækiz juz]
900 nine hundred	dokuz yüz	[dokuz juz]
1000 one thousand	bin	[bin]
10000 ten thousand	on bin	[on bin]
one hundred thousand	yüz bin	[juz bin]
million	milyon	[bir miʎon]
billion	milyar	[bir miʎjar]

3. Humans. Family

man (adult male)	erkek	[ærkæk]
young man	delikanlı	[dælikanlı]
woman	kadın, bayan	[kadın], [bajan]
girl (young woman)	kız	[kız]
old man	ihtiyar	[ihtijar]
old woman	yaşlı kadın	[jaʃlı kadın]
mother	anne	[aŋæ]
father	baba	[baba]
son	oğul	[øul]
daughter	kız	[kız]
brother	kardeş	[kardæʃ]
sister	abla	[abla]
parents	ana baba	[ana baba]
child	çocuk	[tʃodʒuk]
children	çocuklar	[tʃodʒuklar]
stepmother	üvey anne	[juvæj aŋæ]
stepfather	üvey baba	[juvæj baba]
grandmother	büyük anne	[byjuk aŋæ]
grandfather	büyük baba	[byjuk baba]
grandson	erkek torun	[ærkæk torun]
granddaughter	kız torun	[kız torun]
grandchildren	torunlar	[torunlar]
uncle	amca, dayı	[amdʒa], [dai:]
aunt	teyze, hala	[tæjzæ], [hala]
nephew	erkek yeğen	[ærkæk jæ:n]
niece	kız yeğen	[kız jæ:n]
wife	hanım, eş	[hanım], [æʃ]

husband	eş, koca	[æʃ], [kodʒa]
married (masc.)	evli	[ævli]
married (fem.)	evli	[ævli]
widow	dul kadın	[dul kadın]
widower	dul erkek	[dul ærkæk]

| name (first name) | ad, isim | [ad], [isim] |
| surname (last name) | soyadı | [sojadı] |

relative	akraba	[akraba]
friend (masc.)	dost, arkadaş	[dost], [arkadaʃ]
friendship	dostluk	[dostluk]

partner	ortak	[ortak]
superior (n)	amir	[amir]
colleague	meslektaş	[mæslæktaʃ]
neighbors	komşular	[komʃular]

4. Human body

body	vücut	[vydʒut]
heart	kalp	[kaʎp]
blood	kan	[kan]
brain	beyin	[bæjın]

bone	kemik	[kæmik]
spine (backbone)	omurga	[omurga]
rib	kaburga	[kaburga]
lungs	akciğer	[akdʒijær]
skin	cilt	[dʒiʎt]

head	baş	[baʃ]
face	yüz	[juz]
nose	burun	[burun]
forehead	alın	[alın]
cheek	yanak	[janak]

mouth	ağız	[aız]
tongue	dil	[diʎ]
tooth	diş	[diʃ]
lips	dudaklar	[dudaklar]
chin	çene	[tʃænæ]

ear	kulak	[kulak]
neck	boyun	[bojun]
eye	göz	[gøz]
pupil	gözbebeği	[gøz bæbæı]
eyebrow	kaş	[kaʃ]
eyelash	kirpik	[kirpik]
hair	saçlar	[satʃlar]

hairstyle	saç	[saʧ]
mustache	bıyık	[bıjık]
beard	sakal	[sakal]
to have (a beard, etc.)	uzatmak, bırakmak	[uzatmak], [bırakmak]
bald (adj)	kel	[kæʌ]
hand	el	[æʌ]
arm	kol	[kol]
finger	parmak	[parmak]
nail	tırnak	[tırnak]
palm	avuç	[avuʧ]
shoulder	omuz	[omuz]
leg	bacak	[badʒak]
knee	diz	[diz]
heel	topuk	[topuk]
back	sırt	[sırt]

5. Clothing. Personal accessories

clothes	elbise, kıyafet	[æʌbisæ], [kıjafæt]
coat (overcoat)	palto	[paʌto]
fur coat	kürk manto	[kyrk manto]
jacket (e.g., leather ~)	ceket	[dʒækæt]
raincoat (trenchcoat, etc.)	trençkot	[trænʧkot]
shirt (button shirt)	gömlek	[gømlæk]
pants	pantolon	[pantolon]
suit jacket	ceket	[dʒækæt]
suit	takım elbise	[takım æʌbisæ]
dress (frock)	elbise, kıyafet	[æʌbisæ], [kıjafæt]
skirt	etek	[ætæk]
T-shirt	tişört	[tiʃort]
bathrobe	bornoz	[bornoz]
pajamas	pijama	[piʒama]
workwear	iş elbisesi	[iʃ æʌbisæsi]
underwear	iç çamaşırı	[iʧ ʧamaʃırı]
socks	kısa çorap	[kısa ʧorap]
bra	sutyen	[sutʲæn]
pantyhose	külotlu çorap	[kyløtly ʧorap]
stockings (thigh highs)	çorap	[ʧorap]
bathing suit	mayo	[majo]
hat	şapka	[ʃapka]
footwear	ayakkabı	[ajakkabı]
boots (cowboy ~)	çizmeler	[ʧizmælær]
heel	topuk	[topuk]
shoestring	bağ	[ba:]

shoe polish	ayakkabı boyası	[ajakkabı bojası]
gloves	eldiven	[æʎdivæn]
mittens	tek parmaklı eldiven	[tæk parmaklı æʎdivæn]
scarf (muffler)	atkı	[atkı]
glasses (eyeglasses)	gözlük	[gøzlyk]
umbrella	şemsiye	[ʃæmsijæ]
tie (necktie)	kravat	[kravat]
handkerchief	mendil	[mændiʎ]
comb	tarak	[tarak]
hairbrush	saç fırçası	[satʃ firtʃası]
buckle	kemer tokası	[kæmær tokası]
belt	kemer	[kæmær]
purse	bayan çantası	[bajan tʃantası]

6. House. Apartment

apartment	daire	[dairæ]
room	oda	[oda]
bedroom	yatak odası	[jatak odası]
dining room	yemek odası	[jæmæk odası]
living room	misafir odası	[misafir odası]
study (home office)	çalışma odası	[tʃalıʃma odası]
entry room	antre	[antræ]
bathroom (room with a bath or shower)	banyo odası	[baɲ'o odası]
half bath	tuvalet	[tuvalæt]
vacuum cleaner	elektrik süpürgesi	[ælæktrik sypyrgæsi]
mop	paspas	[paspas]
dust cloth	bez	[bæz]
short broom	süpürge	[sypyrgæ]
dustpan	faraş	[faraʃ]
furniture	mobilya	[mobiʎja]
table	masa	[masa]
chair	sandalye	[sandaʎ'æ]
armchair	koltuk	[koltuk]
mirror	ayna	[ajna]
carpet	halı	[halı]
fireplace	şömine	[ʃominæ]
drapes	perdeler	[pærdlær]
table lamp	masa lambası	[masa lambası]
chandelier	avize	[avizæ]
kitchen	mutfak	[mutfak]
gas stove (range)	gaz sobası	[gaz sobası]

electric stove	**elektrik ocağı**	[ælæktrik odʒaı]
microwave oven	**mikrodalga fırın**	[mikrodalga fırın]
refrigerator	**buzdolabı**	[buzdolabı]
freezer	**derin dondurucu**	[dærin dondurudʒu]
dishwasher	**bulaşık makinesi**	[bulaʃık makinæsi]
faucet	**musluk**	[musluk]
meat grinder	**kıyma makinesi**	[kıjma makinæsi]
juicer	**meyve sıkacağı**	[mæjvæ sıkadʒaı]
toaster	**tost makinesi**	[tost makinæsi]
mixer	**mikser**	[miksær]
coffee machine	**kahve makinesi**	[kahvæ makinæsi]
kettle	**çaydanlık**	[tʃajdanlık]
teapot	**demlik**	[dæmlik]
TV set	**televizyon**	[tælævizʲon]
VCR (video recorder)	**video**	[vidæo]
iron (e.g., steam ~)	**ütü**	[juty]
telephone	**telefon**	[tælæfon]

Made in United States
North Haven, CT
05 March 2023